A Kalmus Classic

MW01259269

FLUTE STUDIES
IN OLD AND MODERN STYLES

VOLUME I

FOR FLUTE

K 02064

CONTENTS

Siegfried Thiele (geb. 1934)

5

Allegro

auch 8va zu spielen

6

Anonym, 18. Jh.

Menuett [1]

auch 8va zu spielen

[1] Das + bedeutet einen Triller. Doch kann für dieses Zeichen auch eine Abart des Trillers, Doppelschlag, Praller (von oben) oder Mordent gespielt werden.

7

Giuseppe Gariboldi (1833 - 1905)

Moderato

auch 8va zu spielen

11

Dorisch

Johannes Weyrauch (geb. 1897)

Transponiere c dorisch: usw.

12

Ruth Wagner (geb. 1929)

auch 8va zu spielen

Nach lydisch f, es und b transponieren:

13

Rigaudon

Anonym, 18. Jh.

14

Siegfried Thiele

Moderato (Allegro)

auch 8va zu spielen, in As-Dur, in F-Dur und in verschiedenen Artikulationen.

Spiele ferner folgende Varianten:

15

Siegfried Thiele

Ruhig

auch 8va zu spielen

16

Ruth Wagner

Moderato

simile

rit.

Spiele in verschiedenen Stärkegraden und Anstoßarten: (⌣ ⌒ . – – - ...)

17

Moderato

Giuseppe Gariboldi

18

Tanz

Johannes Weyrauch

Comodo

Fine

d. c. al fine

Auch nach f-Moll zu transponieren

19

Gavotta

Joh. Chr. Schickardt (ca. 1670-1740)

Allegro

20

Heinrich Soußmann (1796 - 1848)

Andante

Studie

21

Friedrich II. (1712 - 1786) / J. J. Quantz (1697 - 1773)

auch 8va zu spielen

¹) Die Zweier–Bindungen werden nach der Aufführungspraxis der Musik des 18. Jahrhunderts so gespielt, daß die erste Note stärker und länger, dafür die zweite dementsprechend kürzer und leiser ausgeführt wird.

22

Johannes Weyrauch

Ruhig, cantabile (Allegro)

mf

f

mf

poco rit.

f

auch 8va zu spielen

23

Studie

Friedrich II./Quantz

(f)

p

f

Übe:

usw. 5 *usw.* 5 *usw.* 5 *usw.*

24

Rigaudon

Anonym, 18. Jh.

mf

Studie a)

25

Giuseppe Gariboldi

Studie b)

Die Studien Nr. 25 a und b auch 8va spielen.

26

Günter Kochan (geb. 1930)

27

Ruth Wagner

auch 8va zu spielen
Übe ferner:

Nr. 10-12 sind auch punktiert zu üben.

28

Johannes Weyrauch

Mäßig bewegte Viertel (cantabile)

29

Siegfried Thiele

Lebhaft

auch 8ᵛᵃ und punktiert spielen, nach A-Dur transponieren.

Kleine Romanze
30
Günter Kochan

31
Allegretto

Giuseppe Gariboldi

auch legato (taktweise) und punktiert spielen. Übe ferner: usw.

32

Johannes Weyrauch

auch 8va zu spielen

33

Gyula Dávid (geb. 1913)

34

Ruth Wagner

Andantino (quasi allegretto)

auch 8va zu spielen

35

Studie

Friedrich II./ Quantz

Übe: alles gestoßen (tö; dö; Kö-tö; tö-kö; punktiert; legato; versuche verschiedene Artikulationsmöglichkeiten. (Übe 8va)
Gestalte diese Studie zu einem schön klingenden Allegrosatz.

36

nach Joh. Chr. Schickardt

Versuche auch andere Artikulationen.

37

Ruth Wagner

Moderato (Allegro)

Spiele verschiedene Stärkegrade; 8va und folgende Varianten:

38

Zoltán Jency (geb. 1915)

Allegro moderato

a) *Poco meno*

b) *Leggiero*

c) *Allegro*

39

Friedrich II./Quantz

Studie

Übe: usw.

40

Siegfried Thiele

Lebhaft

simile

Nach E- F- und C-Dur transponieren

41

Siegfried Thiele

42

Friedrich II./Quantz

Studie

1) Auch in As-Dur zu üben

43

Andante — Friedrich II./ Quantz

44

Vivace — Joh. Chr. Schickardt

45

Ruhig, still — Siegfried Thiele

46

Allegro

Ruth Wagner

47

Studie

Friedrich II./Quantz

Siehe Bemerkungen zu Nr. 35

48

Georg Tromlitz (1726 - 1805)

Allegro moderato

mf

tr

3

3

49

Georg Tromlitz

50

Giuseppe Gariboldi

51

Andante (Allegretto)

Ruth Wagner

auch 8va zu spielen

ferner:

52

Friedrich II. / Quantz

(*Allegro*)

53

Siegfried Thiele

auch 8va bassa spielen · 𝄽 | · 𝄽 · üben

54

Johannes Weyrauch

55

Siegfried Thiele

56

Friedrich II./Quantz

57

Studie

Friedrich II./Quantz

siehe Bemerkungen zu Nr. 35

58

Andante

Caspar Kummer (1795-1870)

59

Volkslied vom Balkan

Allegro

60

Studie

Friedrich II./Quantz

61

Variationen über ein ungarisches Volkslied

Thema

Zoltán Jeney

62

Poco allegro

Ruth Wagner

63

Siegfried Thiele

Lebhaft

mf

64

Caspar Kummer

35

65

Ruth Wagner

Andante

66

Siegfried Thiele

36

67

Allegro

Volkslied vom Balkan

68

(Allegro)

Friedrich II./Quantz

69

Adagio non troppo

Caspar Kummer

70

Günter Kochan

71

Allegro poco moderato

Caspar Kummer

72

(Allegro)

Friedrich II./Quantz

73

Ruhig bewegt

Siegfried Thiele

mf

74

Giulio Briccialdi (1818-1881)

Andante mosso

75

Bewegte Achtel (scherzando)

Johannes Weyrauch

76

Caspar Kummer

44

77

Benoît Berbiguier (1782-1838)

Allegro

78

Siegfried Thiele

46

Giulio Briccialdi

Siegfried Thiele

Fantasia [1]

Unbekannter Meister des 18. Jhs.

Studiere diese Fantasia auswendig; s. auch Bemerkung zu Nr. 19. Transponiere nach as-Moll

Studie

82

Johann Joachim Quantz (1697-1773) / Friedrich II. (1712-1786)

(Moderato)

s. Bemerkung zu Nr. 19

85

Moderato ma con moto [1]

Pál Járdányi

[1] Mit Genehmigung der Editio Musica, Budapest

86

(Allegro)

Volkslied vom Balkan

auch 8va

da capo al fine

87

Gyula Dávid (geb. 1913)

Andante

88

Günter Kochan (geb. 1930)

Allegretto

Studie 89

(Moderato)

Quantz / Friedrich II.

Transponiere nach Des-Dur

Studie 90

(Allegro)

Quantz / Friedrich II.

Caspar Kummer (1795-1870), op. 110

s. Bemerkung zu Nr. 27

92

Allegro vivace

Caspar Kummer, op. 129

auch legato und piano üben!

93

Caspar Kummer

94

(Allegretto)

Volkslied vom Balkan

fine

1. 2.

auch 8va

da capo al fine

95

Gyula David

96

Siegfried Thiele (geb. 1934)

Studiere diese Studie auswendig

Allegretto

Pál Járdányi

98

Studie

Quantz / Friedrich II.

Originaltonart e-Moll

99

Studie

Quantz / Friedrich II.

Originaltonart e-Moll

100

Allemande

Bemerkung zu Nr. 20 (Allemande)

In dieser Allemande tritt die latente Mehrstimmigkeit besonders reizvoll auf. Wenn es am Anfang dieses Satzes Motivteile sind, die sich wie Frage und Antwort voneinander abheben und doch zusammengehören, so sind es ab Takt 15 und weiter aufsteigende Sekundschritte, die hervorgehoben werden müssen, da sie die melodische Entwicklung bestimmen und mit den als Orgelpunkt wirkenden Tonwiederholungen eine latente Zweistimmigkeit ergeben.

In den Takten 21 bis 24 erreicht die melodische und harmonische Spannung ihren Höhepunkt; die nach oben gehende Linie bildet mit der nach unten laufenden jeweils eine selbständig geführte Stimme. Durch betont lebendigen Anstoß jedes Tones werden diese Takte als Höhepunkt hervorgehoben.

Hinweise über den Vortrag einer Allemande gibt uns Johann Mattheson (1681-1764) in seinem Werk *Der vollkommene Kapellmeister:* „Die Allemande nun ist eine gebrochene, ernsthaffte und wol ausgearbeitete Harmonie, welche das Bild eines zufriedenen oder vergnügten Gemüths trägt, das sich an guter Ordnung und Ruhe ergetzet."

101

Antoine Hugot (1761-1803)/Johann Georg Wunderlich (1775-1819)

102

Marziale con spirito

Caspar Kummer

fine

dal segno

Trio

103

Larghetto

Caspar Kummer

104

Caspar Kummer

Allegro non tanto

Beginne die Triller mit der oberen Nebennote

66

Improvisation

105

Andante, più rubato

Günter Kochan

Studiere diese Studie auswendig

Caprice

Velocissimo e brillante (Äußerst lebhaft und glänzend)

Sigfrid Karg-Elert (1877-1933)

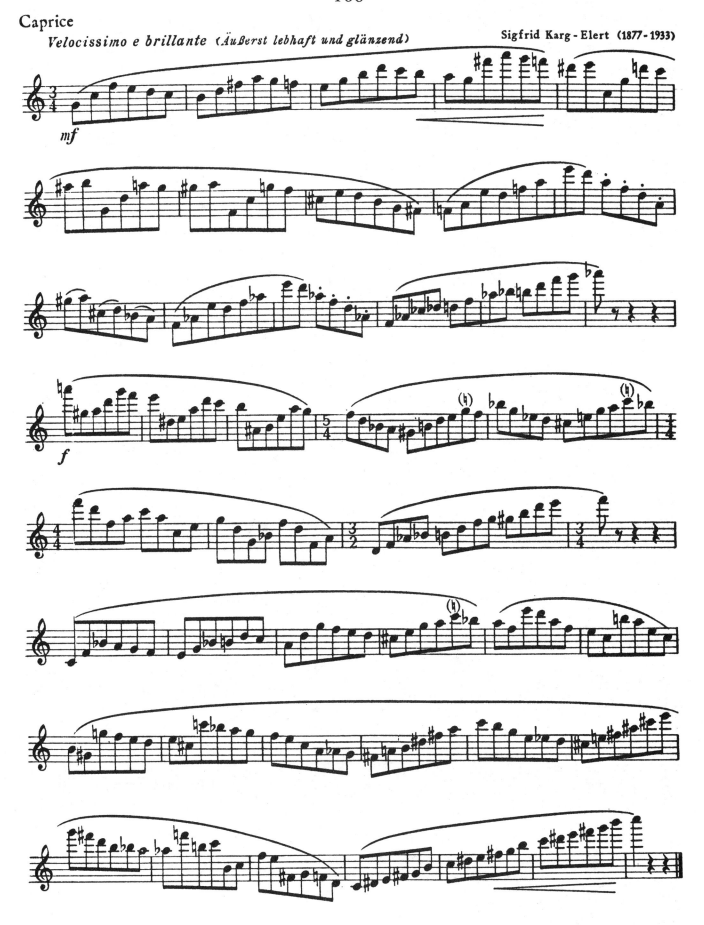

107

Quantz / Friedrich II.

Originaltonart G-Dur: transponiere einen halben Ton höher

108

Studie¹)

Adolf Terschak (1832-1901)

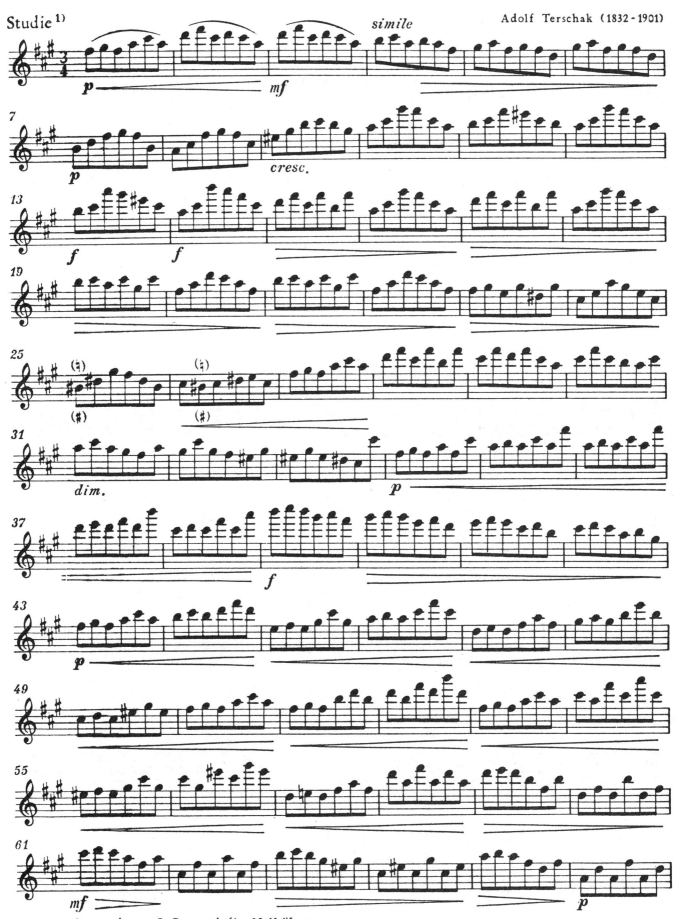

¹) Die Studie wurde von C-Dur nach fis-Moll übertragen

70